COLEÇÃO  ESSÊNCIA CRISTÃ

HERNANDES DIAS LOPES
ESCOLHAS & ALIANÇAS

hagnos

© 2019 por Hernandes Dias Lopes

1ª edição: agosto de 2019
2ª reimpressão: março de 2021

Revisão
Andrea Filatro
Josemar S. Pinto

Diagramação
Catia Soderi

Capa
Douglas Lucas

Editor
Aldo Menezes

Coordenador de produção
Mauro Terrengui

Impressão e acabamento
Imprensa da Fé

As opiniões, as interpretações e os conceitos emitidos nesta obra são de responsabilidade do autor e não refletem necessariamente o ponto de vista da Hagnos.

Todos os direitos desta edição reservados à
Editora Hagnos Ltda.
Av. Jacinto Júlio, 27
04815-160 — São Paulo, SP
Tel.: (11) 5668-5668

E-mail: hagnos@hagnos.com.br
Home page: www.hagnos.com.br

Dados Internacionais de Catalogação na Publicação (CIP)
Angélica Ilacqua CRB-8/7057

Lopes, Hernandes Dias

Escolhas & alianças / Hernandes Dias Lopes. — São Paulo : Hagnos, 2019.

ISBN 978-85-243-0574-0

Bibliografia:

1. Vida cristã 2. Cristianismo 3. Sucesso — Aspectos religiosos 4. Palavra de Deus (Teologia cristã) I. Título.

19-0872   CDD 248.8

Índices para catálogo sistemático:
1. Vida Cristã

Editora associada à:

DEDICATÓRIA

Dedico este livro ao meu irmão e
amigo, Jeremias Pereira da Silva,
pastor da Oitava Igreja Presbiteriana
de Belo Horizonte.
Servo do Altíssimo, encorajador dos santos,
amigo mais chegado que irmão.

SUMÁRIO

Introdução   7

❑ PARTE 1 — ALIANÇAS PERIGOSAS   9

Capítulo 1 — O estratagema   11

Capítulo 2 — Jugo desigual   15

Capítulo 3 — A mentira   19

Capítulo 4 — A pressão psicológica   21

Capítulo 5 — Falsa religiosidade   27

❑ PARTE 2 — ESCOLHAS PERIGOSAS   31

Capítulo 6 — Sucesso ou fracasso?   33

Capítulo 7 — Vivendo perigosamente   41

Capítulo 8 — As consequências das nossas escolhas   49

❑ PARTE 3 — O CLAMOR EMOCIONADO DE DEUS   55

Capítulo 9 — A saudade de Deus   63

Capítulo 10 — O lamento de Deus   67

Capítulo 11 — A indignação de Deus   71

INTRODUÇÃO

Tenho a grata alegria de apresentar aos nossos leitores esta obra. Aborda três temas de mais alta importância para a nossa vida. Escolhas perigosas é um brado de alerta à nossa geração. Nossa vida é feita de escolhas. Somos resultado das escolhas que fazemos na vida. Escolhas emocionais, relacionais, profissionais e espirituais. Seguir princípios absolutos nessas escolhas é vital para termos uma vida bem-aventurada. Tapar os ouvidos da alma aos conselhos sábios e colocar os pés na estrada da desobediência é fazer uma jornada rumo ao desastre. Sansão é um exemplo clássico dessa realidade.

Alianças perigosas é outro tema que abordaremos nesta obra. Aliança é um pacto firmado entre duas partes, onde deveres e privilégios devem ser estabelecidos. Não há coisa mais perigosa do que firmar alianças precipitadas sem buscar a orientação divina. Quantos jovens que entram para o casamento precipitadamente sem uma necessária reflexão. Quantos sócios que costuram uma aliança de trabalho e depois descobrem que foram traídos e saem dessa relação machucados. Quantas pessoas que fazem alianças espirituais, envolvendo falsas doutrinas e até compromissos sombrios com entidades espirituais do mal. Ah, precisamos ser cautelosos! O profeta Amós pergunta: *Andarão dois juntos se não houver entre eles acordo?*

Finalmente, abordamos nesta obra sobre o clamor emocionado de Deus. O Senhor olha para Israel, o povo da aliança, e vê esse povo distante, rebelde, abandonando o Senhor, para correr atrás de outros deuses. O povo deixou o Senhor, a fonte das águas vivas, para cavar cisternas rotas. Deus não desiste de Seu povo, apesar do seu fracasso. Ao contrário, declara Seu amor a ele. Demostra Sua saudade dos tempos em que o povo Lhe era fiel. Oh, quão emocionado é esse clamor de Deus! Ele nos criou para Ele. Ele nos formou para o louvor da Sua glória. Ele nos deu vida em Cristo, tirando-nos das trevas para a luz, da escravidão para a liberdade, da morte para a vida. Ele Se deleita no Seu povo. Ele atrai Seu povo com cordas de amor. Ele estende as mãos para o Seu povo, para restaurá-lo e abençoá-lo.

Espero que a leitura desta obra traga alertas solenes ao seu coração. É tempo de fazermos as escolhas certas. É tempo de evitar alianças perigosas. É tempo de ouvir e atender ao clamor emocionado de Deus!

Boa leitura!

HERNANDES DIAS LOPES

PARTE 1

ALIANÇAS
PERIGOSAS

CAPÍTULO 1

O ESTRATAGEMA

¹ *Sucedeu que, ouvindo isto todos os reis, que estavam daquém do Jordão, nas montanhas, e nas campinas, em toda a costa do Grande Mar, defronte do Líbano, os heteus, os amorreus, os cananeus, os ferezeus, os heveus e os jebuzeus,* ² *se ajuntaram eles de comum acordo para pelejar contra Josué e contra Israel.*

³ *Os moradores de Gibeão, porém, ouvindo o que Josué fizera com Jericó e com Ai,* ⁴ *usaram de estratagema, e foram e se fingiram embaixadores, e levaram sacos velhos sobre os seus jumentos, e odres de vinho, velhos, rotos e consertados;* ⁵ *e, nos pés sandálias velhas e remendadas, e roupas velhas sobre si; e todo o pão que traziam para o caminho era seco e bolorento.*

⁶ *Foram ter com Josué, ao arraial, a Gilgal e lhe disseram a ele e aos homens de Israel: Chegamos duma terra distante; fazei, pois, agora aliança conosco.* ⁷ *E os homens de Israel responderam aos heveus: Porventura habitais no meio de nós; como, pois, faremos aliança convosco?* ⁸ *Então disseram a Josué: Somos teus servos. Então lhes perguntou Josué: Quem sois vós? Donde vindes?* ⁹ *Responderam-lhe: Teus servos vieram duma terra mui distante, por causa do nome do* Senhor, *teu Deus; porquanto ouvimos a*

ESCOLHAS & ALIANÇAS

sua fama, e tudo quanto fez no Egito; [10] *e tudo quanto fez aos dois reis dos amorreus, que estavam dalém do Jordão, a Seon, rei de Hesbom, e a Ogue, rei de Basã, que estava em Astarote.* [11] *Pelo que nossos anciãos e todos os moradores da nossa terra nos disseram: Tomai convosco provisão alimentar para o caminho, e ide ao encontro deles e dizei-lhes: Somos vossos servos; fazei, pois, agora aliança conosco.* [12] *Este nosso pão tomamos quente das nossas casas no dia em que saímos para vir ter convosco; e ei-lo aqui agora já seco e bolorento;* [13] *e estes odres eram novos quando os enchemos de vinho, e ei-los aqui já rotos; e estas nossas vestes e estas sandálias já envelheceram, por causa do mui longo caminho.* [14] *Então, os israelitas tomaram da provisão e não pediram conselho ao SENHOR.* [15] *Josué concedeu-lhes paz, e fez com eles a aliança de lhes conservar a vida: e os príncipes da congregação lhes prestaram juramento.* [16] *Ao cabo de três dias, depois de terem feito aliança com eles, ouviram que eram seus vizinhos e que moravam no meio deles.* [17] *Pois, partindo os filhos de Israel, chegaram às cidades deles ao terceiro dia; suas cidades eram Gibeão, Cefira, Beerote e Quiriate-Jearim.* [18] *Os filhos de Israel não os feriram; porquanto os príncipes da congregação lhes juraram pelo SENHOR Deus de Israel; pelo que toda a congregação murmurou contra os príncipes.* [19] *Então todos os príncipes disseram a toda a congregação: Nós lhes juramos pelo SENHOR Deus de Israel; por isso não podemos tocar-lhes.* [20] *Isto, porém, lhes faremos: Conservar-lhes-emos a vida; para que não haja grande ira sobre nós, por causa do juramento que já lhes fizemos.* [21] *Disseram-lhes, pois, os príncipes: Vivam. E se tornaram rachadores de lenhas e tiradores de água para toda a congregação, como os príncipes lhes haviam dito.* [22] *Chamou-os Josué e disse-lhes: Por que nos enganastes dizendo: Habitamos mui longe de vós, sendo que viveis em nosso meio?* [23] *Agora, pois, sois malditos; e dentre vós nunca deixará de haver escravos, rachadores de lenha e tiradores de águas, para a casa do meu Deus.* [24] *Então, responderam a Josué: É que se anunciou aos teus servos, como certo, que o SENHOR, teu Deus, ordenará a seu servo Moisés que vos desse toda esta terra e destruísse todos os moradores dela diante de vós. Por isso, tememos muito por nossas vidas por causa de vós, e fizemos assim.* [25] *Eis que estamos na tua mão; trata-nos segundo te parecer bom e reto.*

O ESTRATAGEMA ❑

²⁶ Assim lhes fez e livrou-os das mãos dos filhos de Israel; e não os mataram. ²⁷ Naquele dia Josué os fez rachadores de lenha e tiradores de água para a congregação e para o altar do SENHOR, até o dia de hoje, no lugar que Deus escolhesse.

JOSUÉ 9

É sabido por todos que o diabo é mais perigoso em astúcia que em fúria, mais perigoso em suas ciladas sutis que em seus ataques abertos, mais perigoso quando trabalha em surdina que quando nos enfrenta cara a cara.

Quando Josué marchava para a conquista da terra prometida, toda nação que enfrentou cara a cara foi derrotada. À frente do exército de Deus, Josué era imbatível. No entanto, diz o texto bíblico que os gibeonitas, um dos povos que deveriam ser desalojados da terra prometida, elaboraram um plano para fugir do ataque de Josué. Estavam próximos, devendo portanto ser removidos da terra, derrotados inapelavelmente. Contudo, decidiram ir ao encontro dos israelitas trajando roupas velhas e rasgadas, alforjes e odres rotos, sandálias gastas, carregando pães bolorentos. Compondo assim um quadro digno de piedade, dirigiram-se a Josué propondo aliança. E dizem as Escrituras que, sem consultar a Deus, Josué e os príncipes de Israel aceitaram a aliança com os gibeonitas e, mediante juramento, viram-se obrigados a protegê-los e não lhes causar dano algum.

Trata-se de uma típica aliança proibida. Vejamos Josué 9.6, em que o povo de Gibeão pede que seja feita aliança com Israel. Quem eram os gibeonitas? Aliados ou inimigos? Parceiros ou adversários a ser enfrentados, derrotados e afastados do caminho? De fato, faziam parte daquelas nações que deveriam ser removidas da terra. Deus já havia dito, por intermédio de Moisés, que Israel não deveria fazer aliança alguma com os povos daquela terra, uma

❏ ESCOLHAS & ALIANÇAS

proibição que está em Êxodo 34.12: *Abstende de fazer aliança com os moradores da terra para onde vais, para que não te sejam por cilada.* A grande pergunta é: por que Israel não deveria fazer aliança com aqueles povos? O que estava por trás de uma aliança assim? Qual era o risco?

CAPÍTULO 2

Jugo desigual

Deus não apenas deu a ordem para que os israelitas se abstivessem de fazer aliança com os gibeonitas, mas revelou Seus motivos, que estão em Deuteronômio 7, o texto em que Moisés trata dos perigos dessas alianças. O versículo 3 registra: *Nem contrairás matrimônio com os filhos dessas nações; não darás tuas filhas a seus filhos, nem tomarás as suas filhas para teus filhos.*

Torna-se claro que um dos maiores perigos das alianças proibidas são os casamentos mistos. Uma leitura atenta da Bíblia revela que um dos grandes estratagemas ao longo dos séculos para enfraquecer o povo de Deus era misturá-lo com outros povos por intermédio de casamentos, para que a fé no Deus vivo e verdadeiro fosse enfraquecida e Seus absolutos fossem minimizados. Tornada relativa, a verdade não mais exigiria compromisso, e logo todos os filhos de Israel passariam a adorar os deuses pagãos. O resultado seria a transformação do culto verdadeiro em apostasia.

É o que de fato começa a acontecer. Israel firma uma aliança proibida, e seus filhos e filhas se casam com os filhos e as filhas daqueles povos, cujos deuses logo começaram a ser reverenciados pelo povo de Israel. Em 1Reis 11.1-6, Salomão, o homem mais sábio, o rei que grandemente alargou as fronteiras do seu império, deixou que seu coração fosse corrompido por seus muitos casamentos, chegando a ponto de adorar deuses estranhos e a levantar-lhes templos de adoração.

Indago, portanto, com Amós: *Andarão dois juntos se não houver entre eles acordo?* (Am 3.3). Trata-se de um questionamento fundamental para os membros de nossas igrejas que estão sozinhos. Lidar com sentimentos não é algo simples. Sem uma resposta prévia a essa pergunta, acompanhada de uma firme decisão, não há como evitar envolvimentos com pessoas que não professam a fé no Deus vivo. Uma grande dor decorrerá desse tipo de compromisso. E é vão imaginar que, no futuro, Deus poderá mudar a situação: as estatísticas informam que o cônjuge incrédulo não se converte em 75% dos casamentos mistos. Assim, se você não reconhece que o casamento com cristãos é uma questão absoluta para a fé, pode estar sujeito a uma aliança perigosa.

Além da expectativa frustrada sobre a conversão do cônjuge incrédulo, advirá sofrimento certo dessa união pelo grande desamparo que sobrevém ao cônjuge crente. Ainda que seja um cristão sincero, tenderá ao esfriamento, pois se ressentirá da falta de unidade espiritual em seu casamento. Diante de tanto desacordo, é praticamente inevitável que o cônjuge crente esfrie e deseje retroceder.

Além disso, experimentará uma solidão quase impossível de superar, pois caminhará sozinho em suas decisões. Na educação dos filhos, por exemplo, a visão do casal dificilmente será a mesma. Em um casamento misto, o cônjuge cristão se verá sempre desprovido de apoio, presença, participação e conforto espiritual em sua caminhada com Deus.

Escrevendo aos coríntios, o apóstolo Paulo afirma com vigor: *Não vos ponhais em jugo desigual com os incrédulos; porquanto que sociedade pode haver entre a justiça e a iniquidade? Ou que comunhão, da luz com as trevas? Ou que harmonia, entre Cristo e o maligno? Ou que união, do crente com o incrédulo? Que ligação há entre o santuário de Deus e os ídolos?* (2Co 6.14-16). De fato, da ausência de harmonia nessas uniões decorrerá sempre a idolatria, como Deus adverte em Deuteronômio 7.4: *Pois elas fariam desviar teus filhos de mim, para que servissem a outros deuses.* O maior problema da interação profunda entre crentes e incrédulos é que os primeiros serão induzidos à apostasia – em uma linguagem mais moderna, o tão decantado, propalado e aplaudido ecumenismo.

Em visita ao Brasil, o líder budista Dalai Lama reuniu-se em uma igreja com um padre, um rabino e um pastor. Alvoroçados, os jornais descreveram o acontecimento como um grande avanço na maturidade religiosa de nosso país. Finalmente representantes de diversas religiões poderiam se assentar a uma mesma mesa, demonstrando que toda religião é boa e que todo caminho conduz a Deus. Mas sabemos que nada disso é verdade. O único caminho para Deus é Jesus. Se uma religião não prega a Jesus crucificado, não deveríamos fazer aliança nem parceria alguma com seus representantes, que estarão em desacordo com o ensino bíblico. Assim, esse tipo de união jamais poderá agradar a Deus; trata-se de uma aliança perigosa.

Deus também adverte sobre as consequências desse tipo de aliança. Números 33.55 diz: [...] *os que deixardes ficar ser-vos-ão como espinho nos vossos olhos e como aguilhões nas vossas ilhargas, e vos perturbarão na terra em que habitardes.* Seja conjugal, comercial, empresarial ou espiritual, toda aliança fora da vontade de Deus trará dores, desconforto, noites mal dormidas, angústias e lágrimas. Quem firma alianças sem examinar as Escrituras, sem observar os

❏ ESCOLHAS & ALIANÇAS

parâmetros de Deus, logo descobre os males que tal decisão precipitada pode trazer. Precisamos tomar muito cuidado para não entrar em uma aliança perigosa.

Por isso, antes de dizer sim a alguém, conte com a certeza de que Deus aprova essa união. Antes de assumir um namoro, firmar um noivado ou marcar a data do casamento, questione-se sobre a vontade de Deus. Da mesma forma, antes de estabelecer uma aliança de trabalho, pense e esgote todas as possibilidades para não realizar uma aliança precipitada, portadora de muitas dores.

CAPÍTULO 3

A MENTIRA

Voltemos agora à nossa história, chamando a atenção para o plano utilizado pelos gibeonitas com a finalidade de vencer o povo de Israel. As estratégias utilizadas não são novidade, pois lembram o diálogo entre o diabo e o primeiro casal no jardim do Éden. De que modo Satanás vence Eva nesse diálogo? Em Gênesis 3.1-3, ele se disfarça, provocando a mulher ao distorcer as palavras de Deus: *Não comereis de toda árvore do jardim?* Eva responde que não é bem assim, mas, sem perceber, também reproduz as ordens de Deus de modo errôneo, acrescentando algo que não existia: *Do fruto das árvores do jardim podemos comer, mas do fruto da árvore que está no meio do jardim, disse Deus: Dele não comereis, nem tocareis nele, para que não morrais.*

A serpente continua, em um tom melífluo, insinuando que Deus não seria tão rígido em Seus juízos: *É certo que não morrereis.* Os argumentos que se seguem poderiam ser parafraseados da seguinte forma: "O que Deus está fazendo é privar vocês de um bem ao qual vocês têm direito. Vocês podem ser iguais a Deus,

ESCOLHAS & ALIANÇAS

conhecedores do bem e do mal. Deus está escravizando vocês neste pequeno e limitado jardim, quando vocês têm vocação para voar muito mais alto. Se comerem deste fruto, experimentarão uma vida muito mais ampla, muito mais plena, muito mais feliz!"

O diabo é um embusteiro: promete prazer e vida, pagando com sofrimento. Sabemos que o pecado é uma fraude e leva à morte, mas o diabo diz que, se você pecar, receberá delícias em troca. Na verdade, sempre que peca, você sofre amargamente as consequências dessa decisão. Eis o disfarce e a mentira do diabo.

Da mesma forma, o povo de Gibeão também usa de disfarces e de mentiras. Como vimos em Josué 9, durante a marcha de vitórias e de conquistas da terra prometida, nações se levantam e se unem para atacar Israel, sendo todas derrotadas. Todavia, os gibeonitas preferiram a astúcia à força. Fantasiados, montam toda uma pantomima para fingir pobreza e humildade diante de Josué, e ainda mentem, afirmando terem vindo de uma terra distante (para que não fossem considerados parte das nações a serem enfrentadas e desalojadas por Israel).

A mentira é um sinal bem claro de que Deus não aprova a aliança. Portanto, diante de uma decisão a tomar sobre qualquer acordo, negócio, transação, enfim, diante de qualquer aliança, se houver mentiras, fuja! Afinal, o diabo é o pai da mentira, enquanto Deus é luz e verdade. Alianças que se valem de mentiras são alianças de morte e escravidão. Quem se envolve com a mentira põe o pé numa estrada de vergonha, opróbrio e derrota.

CAPÍTULO 4

A PRESSÃO PSICOLÓGICA

Além do disfarce e da mentira, há ainda mais uma estratégia: a pressão psicológica. Em Josué 9.6, os gibeonitas dizem que chegaram de uma terra distante e pedem aliança agora. Chamo a atenção do leitor para a linguagem: a frase indica não só sedução, mas sobretudo urgência.

É preciso tomar muito cuidado com decisões tomadas às pressas, que podem jogar você em uma estrada escorregadia. Um dos grandes problemas na sociedade atual é que primeiro tomamos uma decisão e só depois paramos para refletir. Há um ditado popular que diz: "Quem tem pressa come cru".

Deve haver cautela, discernimento e prudência naquilo que é importante, como, por exemplo, no namoro. Hoje, primeiro se começa o relacionamento, e depois é que o rapaz e a moça procuram saber quem é o outro, o que pensa, em que crê, o que faz. O ideal seria ir com calma, buscando respostas para perguntas essenciais: "Quem é o rapaz ou a moça que eu quero namorar? Como vive e se comporta em casa? Como trata os pais? Como é na escola, na

ESCOLHAS & ALIANÇAS

faculdade? Gosta de trabalhar? É uma pessoa de caráter? É confiável?" Isso tudo é fundamental para que a aliança seja feita. Mas o mundo de hoje insiste na precipitação: "Agora, faça aliança", como quem diz: "Não dá para pensar muito, é pegar ou largar; não pode deixar para amanhã". Cuidado com esse tipo de pressão! A impaciência oferece grandes riscos para nossa alma: foi tomado por uma impaciência de matar que Sansão teve seu cabelo tosado. Não faça alianças precipitadamente.

A história se desenvolve, e, nos versículos 7 e 8, os israelitas começam a perceber a esperteza e indagam algo como: "Vocês são nossos vizinhos, como é que nós vamos fazer aliança com vocês?" Mas a resposta foi astuta, dirigida diretamente a Josué: *Somos teus servos.* Quando o povo começa a tirar a máscara dos gibeonitas, eles recorrem ao líder, com o propósito da lisonja. Afinal, não queriam que os homens de Israel continuassem naquele raciocínio para chegar à verdade. Essa é mais uma lição que o texto nos oferece: é preciso cuidado com os elogios. Se alguém começa a insuflar seu ego, analise se a intenção é propor-lhe uma aliança que pode ser um desastre em sua vida.

Ao longo da conversa entre os dois grupos, os gibeonitas usam de táticas diversionistas para escapar aos questionamentos do povo de Israel. *Quem sois vós?, Donde vindes?,* perguntas claras de Josué, são respondidas com *teus servos vieram de uma terra muito distante por causa do nome do Senhor, teu Deus.*

Ou seja, não houve resposta objetiva alguma; ao contrário, houve mentira. Eis o cenário perfeito para uma aliança perigosa, respostas mentirosas ou incompletas que são ainda enfeitadas com uma linguagem piedosa: *por causa do nome do Senhor, teu Deus* [...] *ouvimos a sua fama e tudo aquilo que fez no Egito.*

O uso do nome de Deus para fins escusos é algo a que devemos sempre ficar atentos – por exemplo, quando um descrente se apaixona por alguém da igreja e parece se transformar em crente de

A PRESSÃO PSICOLÓGICA ❏

uma hora para a outra. Parece muito entusiasmado, dá testemunho, começa a falar em se batizar... uma maravilha. No entanto, cuidado: toda essa demonstração pode vir de um interesse genuíno, como também pode não passar de um estratagema gibeonita. Ao manifestar tanto deslumbramento, os gibeonitas estavam simplesmente usando o nome de Deus para alcançar outro projeto: fazer uma aliança com aqueles que, de outro modo, os desalojariam daquela terra.

Precisamos compreender que nem sempre é sincero aquele que fala em nome de Deus. Quantas heresias, hoje, são pregadas e recebidas como palavra do Espírito Santo? Sobre isso, deixe-me contar uma história.

Certo dia, na igreja, eu estava pregando de manhã, quando vi entrar uma senhora simpática e muito bem vestida. Ela se sentou logo na primeira fileira e, durante o culto mesmo, não sei como, ela conseguiu fazer chegar até o púlpito um bilhetinho que dizia mais ou menos o seguinte: "Pastor, Deus me mandou aqui, nesta manhã, porque o Espírito Santo tem uma palavra para a igreja. Queria pedir que o senhor me permitisse falar". Dobrei o bilhetinho, guardei no bolso e continuei pregando. Terminado o sermão daquela manhã, impetrei a bênção e me encaminhei para a porta. Aquela senhora veio em minha direção cheia de fúria e, com o dedo em riste, quase me bateu: "O senhor impediu que o Espírito Santo falasse aqui nesta igreja hoje de manhã". Respondi: "O Espírito Santo falou; só a senhora não ouviu". Ela argumentou: "Mas eu vim aqui para falar em nome de Deus!" Tive de explicar: "Eu não sei quem é a senhora, não sei de onde vem, não sei em que a senhora crê e, pelo seu comportamento, não lhe daria mesmo a palavra". O que me impressionou é que naquela semana essa mulher fez um tremendo estrago na cidade de Vitória, "pregando" em muitas igrejas.

Não é impressionante? Alguém totalmente desconhecido chega e diz: "O Espírito Santo me mandou aqui porque tenho uma

ESCOLHAS & ALIANÇAS

palavra para a igreja" e ela receber toda a nossa confiança de imediato para subir ao púlpito? É claro que não pode ser assim. Cuidado com esse tipo de permissão, que não deixa de ser uma aliança feita às pressas, debaixo de pressão psicológica. Cuidado com tais seduções, pois podem se revelar de fato armadilhas do inimigo.

Outra artimanha é demonstrada enquanto os gibeonitas imprimem uma falsa religiosidade a seu discurso. Nos versículos 10 e 11, eles fazem a Josué um longo relato sobre o que ouviram falar do Deus de Israel. A narração abarca apenas o tempo de Moisés, tratando de como aqueles dois reis foram atacados, derrotados e destruídos, mas não inclui a vitória recente que Josué tivera nas cidades de Jericó e Ai. No entanto, o versículo 3 mostra que eles estavam cientes desses fatos. Na verdade, sua motivação maior para ter uma aliança com o povo de Israel não eram os feitos de Moisés, mas sim as realizações de Josué nessas duas cidades. Todavia, se eles a revelassem, sua máscara cairia. Trata-se de um estratagema de sedução: esconder algo importante enquanto se revela o que é de menor importância. Com isso, os gibeonitas conseguiram a atenção e o interesse de Josué para que a aliança proibida fosse firmada.

Decisões que não se valem de consultas a Deus são sempre um grande perigo, mesmo quando parecem óbvias. Nos versículos 14 e 15, tomados de surpresa, os israelitas deixaram de pedir conselho ao Senhor. Estava selada a aliança proibida: Josué lhes concedeu a paz e prometeu preservar-lhes a vida, instando os príncipes da congregação a prestarem juramento àquele povo. Chamo a atenção do leitor para este ponto: determinadas resoluções parecem tão claras e imediatas que cremos não haver necessidade de pensar ou de orar a respeito. É como se déssemos de ombros, pensando: "Para que pedir direção a Deus nesse namoro se meu coração está tão alegre? Para que pedir direção a Deus nesse acordo se tudo parece se encaixar perfeitamente?"

Como líder espiritual, Josué cometeu um grande erro: dispensar a orientação de Deus. No entanto, confiar na sabedoria humana, na lógica, em suma, em seu próprio coração, é o que o insensato faz, segundo Provérbios 28.26.

Vamos ilustrar isso. Quando houve uma briga entre os pastores de Abraão e os de Ló, uma rixa para a qual não havia solução, Abraão procurou Ló para propor um afastamento. "Não podemos mais caminhar juntos. Se você for para a direita, eu vou para a esquerda; se você for para a esquerda, eu vou para a direita." Era uma proposta que deixava a escolha nas mãos de Ló. E o que ele faz? Diz a Bíblia que Ló ergueu os olhos e se encantou com as campinas verdejantes do Jordão, respondendo de imediato que queria ir para lá. Ele deveria ter sido mais educado, recusando a primazia da escolha. Poderia ter respondido: "Meu tio, o senhor tem a preferência, pois é o chefe da caravana". Contudo, ganancioso, Ló não quis perder a oportunidade. E foi armar suas tendas justamente na direção de Sodoma e Gomorra, onde acabou perdendo a mulher, as filhas, os genros, a reputação e todos os bens. Foi o maior desastre de sua vida.

A vida de Abraão demonstra esse cuidado com a orientação divina. As Escrituras nos contam que, em Gênesis 17, Deus diz claramente que Abraão deveria deixar a terra e os parentes para ir a outra terra, onde seria abençoado e teria numerosa descendência.

Abraão esperou a realização dessa promessa por anos a fio. Quando já se contavam onze anos de espera, sua paciência começou a se esgotar. (Nesta era afobada atual, você já esperou onze anos por algo?) Diz a Bíblia que sua esposa Sara, cansada de esperar, propôs ao marido uma "barriga de aluguel": Abraão coabitaria com a serva Agar para que eles tivessem um filho. Para Sara e Abraão, Deus havia se esquecido da promessa. E assim, quando Abraão completou 86 anos de idade, nasceu Ismael, seu filho com Agar.

ESCOLHAS & ALIANÇAS

O feito passou em branco. Nenhum altar levantado, nenhuma oração, nenhum registro das Escrituras, nada. E Deus permaneceu em total silêncio. Decorridos mais treze anos, certamente Abraão já não devia alimentar esperança alguma quando, em seus 99 anos, Deus apareceu para ele, garantindo que a aliança ainda estava de pé: *Eu sou o Deus Todo-Poderoso, anda em minha presença e sê perfeito.* E, como sabemos, a promessa foi cumprida.

Deus não muda. Mesmo quando parece silencioso, inerte, esquecido da promessa feita a você, Deus é fiel. Mantenha-se firme, não se desespere nem seja impaciente. Desista dos atalhos e espere em Deus, pois Ele é fiel para cumprir o que prometeu.

É interessante perceber o significado do nome Gibeão: "pequeno monte". Afirmam os chineses que os maiores obstáculos à caminhada não são as grandes pedras do caminho, as que são vistas de longe e logo são contornadas, mas sim as pequenas pedras. Aquilo que é pequeno pode derrubar você. Sansão, um gigante, o homem mais forte da Bíblia, foi derrotado por Dalila, que significa "fraqueza". Assim, cuidado com os detalhes. Se você não vigiar nas pequenas coisas, pode acabar forjando uma aliança com o inimigo.

CAPÍTULO 5

FALSA RELIGIOSIDADE

Por fim, a história aponta as consequências de uma aliança precipitada. Nos versículos 19 e 20, os príncipes dos israelitas juram, perante toda a congregação, proteger os gibeonitas *pelo SENHOR Deus de Israel*, enfatizando que honrariam o juramento para que não houvesse "grande ira" sobre o povo. É preciso atenção especial nesse ponto. Deus havia dito por meio de Moisés que Israel não deveria fazer alianças com aqueles povos (Dt 7). No entanto, sob a liderança de Josué, essa ordenança é quebrada, e Deus ratifica a aliança proibida por meio de juramento. Logo, não mais poderia ser desfeita. Imagine entrar em um pacto proibido sem poder desfazê-lo?

A ilustração perfeita para a aliança que não se pode romper é justamente o casamento. Grande parte das alianças são desfeitas quando ambas as partes estão insatisfeitas – por exemplo, um contrato entre sócios. Mas a aliança do casamento é profunda e irremovível.

ESCOLHAS & ALIANÇAS

Uma das desculpas mais comuns que ouço durante aconselhamentos na área conjugal toma a seguinte forma: "Pastor, estou pensando em abandonar meu casamento, pois agora tenho a clara compreensão de que não foi Deus que nos uniu. Eu era ainda muito jovem, não tinha noção das coisas, não recebi instrução de meus pais, não havia conselho na igreja para me orientar, ninguém me chamou para uma conversa, para um curso de noivado, nada disso... Eu me casei sem pensar direito, com a cara e a coragem, e só depois parei para refletir. Cheguei à conclusão de que no fundo não era aquilo que eu queria. Eu não estava pronto, não era amor, só uma empolgação momentânea. Então, pastor, preciso sair dessa relação porque Deus não estava nisso desde o início".

Costumo sempre observar que, se a pessoa se casa sem orar pedindo direção a Deus, e sem buscar orientação nem conselhos de outros, não há mais jeito. Quando Deus ratifica essa aliança, você se vê obrigado a cumpri-la por juramento. É o que está escrito em Malaquias 2.14: [...] *o Senhor foi testemunha da aliança entre ti e a mulher da tua mocidade, com a qual tu foste desleal, sendo ela a tua companheira e a mulher da tua aliança.* Deus é o Deus da aliança, portanto acautelemo-nos.

Outro aspecto importante como consequência das más alianças é o descontentamento do povo de Deus, como percebemos no versículo 18. Toda a congregação murmurou contra os príncipes. Se você está em posição de liderança, deve ser bastante cauteloso antes de firmar qualquer acordo, pacto ou aliança com alguém, seja qual for a natureza. Se você envolver outras pessoas em uma decisão precipitada, terá de enfrentar amargura, ressentimento, infelicidade e confusão no meio da igreja. E não apenas terá de lidar com esses sentimentos negativos, mas com um desnecessário dispêndio de energia.

Em Josué 10.6,7, os gibeonitas são atacados e, com base na aliança, mandam chamar Josué, pedindo exércitos para sua defesa.

FALSA RELIGIOSIDADE ❑

Então, em vez de ter lutado contra os gibeonitas, que era o que ele deveria ter feito, Josué precisa sair em defesa deles porque estavam ligados ao povo de Israel por uma aliança firmada com juramento.

Se você fizer uma aliança precipitada, usará sua força, sua energia, enfim, sua vida, para lutar em favor daqueles que você deveria desalojar e afastar do caminho. Você terá de defender inimigos.

Essa história também sugere que o tempo não anula nossas alianças, mesmo quando não consultamos a Deus. Passados 330 anos do período dos juízes, quase 400 anos depois de Josué, Saul entra em batalha contra os gibeonitas e os derrota. Nessa época, conta-nos a Bíblia (em 2Sm 21.1,2) que, durante o governo de Davi, houve três anos de fome. Animais e pessoas morreram, pois faltava água, pastagem, alimento. Davi consultou a Deus sobre o que estava acontecendo, e Deus respondeu: "É por causa de Saul e da sua casa sanguinária, porque matou os gibeonitas". Uma aliança feita por Josué quatrocentos anos antes (muitas gerações depois) havia sido ferida. Essa era a causa da maldição de Deus sobre a nação de Israel.

Assim, foram dois os trágicos resultados de uma aliança perigosa, como juízo de Deus: primeiro, três anos de fome sobre Israel; em seguida, as Escrituras nos dizem em 2Samuel 21.5-9 que sete filhos de Saul precisaram ser enforcados por causa do sangue derramado. Só assim o juízo foi retirado da terra de Israel.

Como povo de Deus, portanto, precisamos não só ter o máximo cuidado com as alianças e as promessas que fazemos, mas devemos cumpri-las, sendo fiéis a elas. Assim, seja cauteloso e paciente, tomando decisões sem pressa, refletindo, orando, pedindo a Deus direção e convicção para que os desejos do seu coração se submetam à vontade divina. Analise a situação detidamente, indagando se aquela aliança seria de fato vontade de Deus para você. Ao fazer isso, você poupará a si mesmo e aos outros muitas dores

ESCOLHAS & ALIANÇAS

e incalculáveis prejuízos. Mas, se você chegar à conclusão de que a aliança a ser feita é boa, cumpra o que você prometeu. Nossas decisões hoje afetarão as futuras gerações, para o bem ou para o mal. A Bíblia diz que Deus não Se agrada dos votos de tolos. Quando você prometer algo, cumpra-o.

Que Deus nos ajude a observar atentamente essas exortações que emanam de Sua Palavra.

PARTE 2

Escolhas
PERIGOSAS

CAPÍTULO 6

SUCESSO OU FRACASSO?

Dalila disse a Sansão: [15] *Como diz que me ama, se não está comigo seu coração? Já três vezes zombaste de mim e ainda não declaraste do que consiste a tua grande força.* [16] *Importunando-o ela todos os dias com as suas palavras e molestando-o, apoderou-se da alma dele uma impaciência de matar.* [17] *Descobriu-lhe todo o seu coração e lhe disse: Nunca subiu navalha à minha cabeça porque sou nazireu de Deus desde o ventre da minha mãe; se vier a ser rapado, ir-se-á de mim a minha força, e me enfraquecerei e serei como qualquer outro homem.*

[18] *Vendo pois Dalila que já ele lhe descobrira todo o coração, mandou chamar os príncipes dos filisteus, dizendo: Subi mais esta vez, porque, agora, me descobriu ele todo o seu coração. Então os príncipes dos filisteus subiram a ter com ela e trouxeram com eles o dinheiro.* [19] *Então Dalila fez dormir Sansão nos joelhos dela, e, tendo chamado um homem, mandou rapar-lhe as sete tranças da cabeça; passou ela a subjugá-lo; e retirou-se dele a sua força.* [20] *E disse ela: Os filisteus vêm sobre ti, Sansão! Tendo ele despertado do seu sono, disse consigo mesmo: Sairei ainda esta vez como dantes e me livrarei; porque ele não sabia ainda que já o SENHOR se tinha retirado dele.*

ESCOLHAS & ALIANÇAS

[21] *Então, os filisteus pegaram nele, e lhe vazaram os olhos, e o fizeram descer a Gaza; amarraram-no com duas cadeias de bronze, e
virava um moinho no cárcere.* [22] *E o cabelo de sua cabeça logo após
ser rapado começou a crescer de novo.* [23] *Então os príncipes dos filisteus se ajuntaram para oferecer grande sacrifício a seu deus Dagom
e para se alegrarem; e diziam: Nosso deus nos entregou nas mãos a
Sansão, nosso inimigo.*

[24] *Vendo-o o povo, louvaram ao seu deus, porque diziam: Nosso
deus nos entregou nas mãos nosso inimigo, e o que destruía a nossa
terra, e o que multiplicava os nossos mortos.* [25] *Alegrando-se-lhes
o coração, disseram: Mandai vir Sansão, para que nos divirta.
Trouxeram Sansão do cárcere, o qual os divertia. Quando o fizeram estar em pé entre as colunas,* [26] *disse Sansão ao moço que
tinha pela mão: Deixa-me, para que apalpe as colunas em que se
sustém a casa, para que me encoste a elas.*

[27] *Ora, a casa estava cheia de homens e mulheres, e também ali
estavam todos os príncipes dos filisteus; e sobre o teto havia uns três
mil homens e mulheres, que olhavam enquanto Sansão os divertia.*

[28] *Sansão clamou ao SENHOR e disse: SENHOR Deus, peço-te que te
lembres de mim, e dá-me força só esta vez, ó Deus, para que me
vingue dos filisteus ao menos por um dos meus olhos.*

[29] *Abraçou-se, pois, Sansão com as duas colunas do meio, em que
se sustinha a casa, e fez uma força sobre elas, com a mão direita
em uma e com a mão esquerda na outra.* [30] *E disse: Morra eu com
os filisteus. E inclinou-se com força, e a casa caiu sobre os príncipes
e sobre todo o povo que nela estava; e foram mais os que matou na
sua morte, do que os matara na sua vida.*

[31] *Então, seus irmãos desceram, e toda a casa de seu pai, toma-
ram-no, subiram com ele e o sepultaram entre Zorá e Estaol, no
sepulcro de Manoá, seu pai. Julgou ele a Israel vinte anos.*

JUÍZES 16.15-31

A história de Sansão ilustra a crucial importância das escolhas em nossa vida. Dependendo da qualidade de
sua escolha, você terá sucesso ou fracasso, consequências bem-aventuradas ou dramáticas. Há muito tempo, pregando

em uma cruzada evangelística, passei por uma experiência amarga. Estava hospedado em uma casa de um presbítero, e, na sexta-feira, ele convidou toda a família, os empregados e um sobrinho (que vivia uma crise na família) para o culto de abertura daquela cruzada, que aconteceria no ginásio de esportes. Em vez de ir ao culto, o sobrinho resolveu fazer outro programa; foi a um baile, no qual bebeu até de madrugada e voltou para casa.

De manhã, ao retornar da feira, sua esposa o encontrou ainda de ressaca da bebida. Aconteceu uma briga entre o casal, com os filhos assistindo a tudo. De repente, num ímpeto descontrolado de violência, meu sobrinho sacou uma arma e deu um tiro na mulher. Aquele único tiro atingiu o coração dela e provocou morte instantânea, diante do olhar horrorizado dos filhos.

Estive nessa casa, mais tarde, e confesso que chorei de tristeza, pois a cena era muito dolorosa: de um lado do caixão estava a mãe da mulher assassinada, soluçando de maneira inconsolável; do outro lado, estava a sogra, a mãe do assassino, que amava muito a nora, em pranto desesperado – uma atmosfera carregada de tensão. Eu meditava sobre o destino de uma pessoa que se entrega a Jesus e de outra que assassina a própria esposa: um resolveu ir ao culto para ouvir a Deus, e se converteu; o outro preferiu ir a um baile, no qual bebeu, para finalmente se entregar nas mãos de Satanás, destruindo sua família.

Contudo, Deus me deu uma alegria enorme anos depois, quando recebi o telefonema de um pastor me convidando para pregar em sua igreja, em Ecoporanga: "Pastor, preciso lhe dizer que, quando o senhor pregou naquela cruzada, Deus transformou a minha vida. Encontrei Jesus e hoje sou pastor. Queria muito que o senhor viesse pregar aqui em nossa igreja".

Escolher o bem e rejeitar o mal pode ser decisivo. O pecado é sutil. Alguém certa vez comparou o pecado ao rio Amazonas: ao

ESCOLHAS & ALIANÇAS

nascer nas cordilheiras andinas, ele é tão pequeno, tão tênue, que uma criança pode brincar no seu leito; depois, as águas vão se avolumando cada vez mais pelos afluentes, tornando-o um gigante que nenhum homem ousaria atravessar a nado.

Vamos à história de Sansão. Ele era um homem nascido com diversos privilégios, dos quais o maior era o comprometimento de seus pais com Deus. A Bíblia nos afirma que o nascimento de Sansão foi um milagre, pois sua mãe era estéril. Tal como ocorreu com Maria, um anjo de Deus anunciou que o menino havia de nascer. Pressurosos, os pais logo oraram para tentar compreender como educá-lo de acordo com a vontade divina.

Estavam conscientes de que aquela geração estava apostatando da fé, afastando-se de Deus, e não queriam educar o pequeno Sansão sob aquela cultura decadente. Eram zelosos e ansiavam por fazer tudo do jeito correto. No entanto, há algo fundamental a ser percebido aqui: para Sansão, ter nascido em uma família crente, comprometida com Deus, não foi garantia alguma. De fato, a Bíblia traz vários exemplos de filhos que não seguiram a trilha de fidelidade e santificação de seus pais.

Samuel foi um homem de Deus, intercessor de Israel e grande juiz, mas seus filhos cresceram e não honraram a Deus. Ezequias foi um homem reto, piedoso e temente ao Senhor, um homem de oração, mas gerou Manassés, o pior rei de Judá, um feiticeiro assassino e desonesto que desviou toda a nação da presença de Deus.

Isso pode parecer chocante à primeira vista, principalmente quando observamos a história de Sansão, que se inicia de um modo maravilhoso: um menino que nasce como um milagre em um lar estruturado, com pais piedosos, para cumprir uma grande missão. Sansão tem voto de nazireu, ou seja, foi consagrado para a obra de Deus desde o ventre de sua mãe, tendo crescido com essa consciência. Certamente passou a infância e a adolescência ouvindo de seus pais: "Meu filho, você é um menino especial. Você foi separado por Deus para servir e libertar uma nação". O sentido do seu nome já sinaliza a vocação divina de um homem destinado a se tornar líder de seu povo, arrancando uma nação inteira do cativeiro opressor dos filisteus: "pequeno sol, luz num tempo de trevas e escuridão".

Não nos enganemos, pois Sansão foi um jovem ungido por Deus e cheio do Espírito Santo. As Escrituras chegam a afirmar que, enquanto todos os juízes de Israel lançavam mão de exércitos para libertar o povo, Sansão era o único juiz que lutava sozinho. Era um gigante imbatível, um verdadeiro herói. Desenvolveu-se sob a influência dessa verdade gloriosa. Contudo, nada disso o manteve a salvo de suas escolhas perigosas.

Para começar, Sansão se apaixonou pela mulher errada. Esse é o maior perigo da juventude hoje: os sentimentos sem freios que nos deixam vulneráveis a pessoas destrutivas. O descontrole emocional pode ser a causa de muitas armadilhas. De fato, a Bíblia mostra que a sensualidade exacerbada de Sansão era seu ponto fraco. Passeando com seu pai em Timna, avistou uma mulher pela qual ficou perdidamente apaixonado. O pai logo o admoestou: "Meu filho, essa mulher é filisteia. Ela pertence ao povo que você precisa combater para libertar a nossa nação do cativeiro. Você não pode se envolver com essa moça de modo algum". Mas Sansão já estava tomado de paixão e não quis ouvi-lo.

Não havia nenhuma virtude naquela jovem. Sansão sentiu-se atraído por sua beleza, por seu corpo, pela sedução que lhe alcançava os olhos. Surdo aos conselhos de seu pai, foi dominado por seus sentimentos. Decidiu casar-se com ela, mas foi um dos casamentos mais curtos da história; a Bíblia conta que eles se separaram durante as comemorações, por causa de uma grande confusão. Durante os sete dias de festa, Sansão fez uma aposta com os filisteus, propondo-lhes um enigma a ser desvendado. Era baseado em uma história verdadeira sobre um leão. Um dia, quando Sansão estava indo visitar a noiva, um leão lhe saltou em cima; ele praticamente rasgou o leão ao meio e jogou-o fora do caminho. Em outra viagem, passando pelo mesmo local, lembrou-se do leão morto e encontrou um enxame de abelhas na caveira do animal. Colheu e bebeu o mel que havia ali. Assim, o enigma era: "Do comedor saiu comida, do forte saiu doçura. O que é isso? Se vocês derem a resposta, ganham trinta vestes festivais", havia garantido aos filisteus. "Se não acertarem, eu ganho as trinta vestes. Fechado?"

Desonestos, os filisteus não aceitaram a possibilidade de derrota e decidiram ameaçar a noiva: "Ou você conta o segredo, ou matamos você e seu pai e ainda incendiamos sua família". Quando, no sétimo dia da festa, Sansão revela a resposta à jovem esposa, logo os filisteus também ficam sabendo a resposta. Sansão compreende que haviam pressionado sua mulher e, irado, sai da festa e mata trinta homens, arrancando-lhes as vestes e entregando-as aos convidados que haviam acertado a resposta. Ao retornar dessa missão, sua mulher havia sido dada para outro homem.

Sansão ficou tão aborrecido com isso que disparou do local, revoltado, caçando trezentas raposas e ateando fogo em suas caudas para incendiar a campina dos filisteus. Em seguida, teve de fugir, e os próprios hebreus, agora pressionados pelos filisteus, tiveram de prender Sansão para que a vingança não caísse sobre eles. Prenderam e amarraram aquele gigante de força. Todavia, já nas mãos dos filisteus, Sansão rompeu as cadeias e, com uma queixada de jumento, conseguiu matar mais mil deles. Sua vida virou um transtorno, um tormento sem fim. Tudo por ter se envolvido com a pessoa errada. Não era para ser desse modo.

Sansão desobedece aos pais – saiba que dificilmente um jovem é bem-sucedido ao desobedecer a pai e mãe nesses assuntos – e sofre muito em consequência disso. No entanto, o amor é algo belo, doce e envolvente, que eleva a alma e torna a vida mais suave e mais gostosa. É claro que nenhuma relação a dois está isenta de lutas. Mas um sinal claro de que determinada relação está fora da vontade de Deus é a presença de mais dores que alegrias. Um namoro cheio de brigas, ciúmes, confusão, possessividade, amargura e lamentações é evidência de que Jesus não está presente nele. É preciso estar atento aos fatos, reavaliar um namoro assim, pois casamento não é varinha de condão, não muda ninguém – na verdade, só intensifica o que existia. Se você não está conseguindo ser feliz nem mesmo no namoro, o casamento será ainda pior. Antes, portanto, de selar esse compromisso, não só esteja de olhos bem abertos para as circunstâncias, mas ouça seus pais e aceite seus conselhos. Uma história de amor cheia de sofrimentos pode ser linda no cinema e nas novelas, como a de Romeu e Julieta, mas não precisa ser desse jeito na vida real.

Outro ponto importante é que Sansão não conseguiu administrar seu tempo de lazer. Era um juiz em uma geração em crise, um jovem vocacionado por Deus para ser o libertador de seu povo. Deveria ocupar suas horas com oração, reflexão e planos para realizar a obra de Deus e ser uma bênção para sua nação. Em vez disso, o que ele faz em seus momentos de folga?

Propõe jogos e envolve-se em confusões. A Bíblia diz que, ao descer para Gaza, ele encontra uma prostituta e se deita com ela. Logo em seguida, entrincheira a cidade, arrebenta seus portões e sai carregando-os nas costas. Todavia, ele não aprende a lição. Instantes depois, apaixona-se por outra mulher filisteia, que o trairia e arrebentaria sua vida.

Como muitos jovens hoje, Sansão não sabe viver com prudência. À mercê dos hormônios e de seus muitos desejos, esses jovens desobedecem aos pais, metem-se em jogos e apostas, envolvem-se com pessoas e meios perigosos. É preciso aprender a fugir do mal

ESCOLHAS & ALIANÇAS

e guardar o coração. Muitos jovens buscam o oposto disso e se perdem em aventuras destrutivas. Mas, se você é cristão, não pode viver de acordo com os padrões do mundo.

CAPÍTULO 7

Vivendo perigosamente

Sansão gostava de viver perigosamente e tinha um ponto fraco: o sexo. Presume-se que, se ele era um homem de Deus, devia buscar todos os meios para escapar de situações que evidenciassem sua fraqueza. Se ele sabia ser vulnerável nessa área, o que estava fazendo?

Sansão procura a prostituta e não pondera em nenhum momento sobre seus compromissos como nazireu, juiz de Israel e homem de Deus. Os hormônios clamam, e ele prefere obedecer a esse clamor, não a Deus. Depois, afeiçoa-se a Dalila, outra mulher que haveria de traí-lo. Em Juízes 16.6, instigada pelos filisteus, Dalila dirige a Sansão a pergunta fatídica: *Declara-me, peço-te, do que consiste a tua grande força, e com que poderia ser amarrado para poderem te subjugar.* Era o mesmo que declarar: "Sansão querido, se você me contar seu segredinho sobre a sua força, eu vou trair e destruir você. Conte-me direitinho como é que eu posso enfraquecer e subjugar você, roubando sua força e sua dignidade". No colo de Dalila,

ESCOLHAS & ALIANÇAS

Sansão pensa que pode brincar com o pecado e sair ileso. Pensa que pode viver no fio da navalha e não sofrer as consequências.

Sansão resolve mentir para Dalila, dando-lhe, a cada vez, razões falsas para sua força. Responde-lhe primeiro que tendões frescos o tornarão fraco; depois, substitui os tendões por cordas novas. A mulher tenta as duas artimanhas, provocando-o: *Os filisteus estão contra ti, Sansão.* E ele sempre se levanta das amarras como um leão, livrando-se facilmente. Mas Dalila persevera, choramingando-lhe ao ouvido: "Sansão, se você me ama, tem que se entregar para mim sem reservas! Conte-me seu segredo".

A perseverança de Dalila é recompensada! É quando a terceira mentira de Sansão já está perto da verdade: o cabelo. Ele lhe responde, então, que *ser amarrado a um tear com sete tranças em sua cabeça* tirará sua força. Assim é o processo de envolvimento com o pecado: sutilmente, ele vai invadindo e ganhando terreno, uma gota hoje, outra amanhã, um apelo hoje, uma sedução amanhã, até que toda resistência se esgote. Quando o novo artifício não dá certo, Dalila dá a última cartada: um apelo dramático. "Você não me ama!" A Bíblia afirma que uma impaciência de matar tomou conta do coração de Sansão. Você sabe o que é isso? É o resultado da pressão diária e incansável de Dalila. Quando finalmente ele cede, revelando que cairá se seu cabelo for raspado; é o começo do fim para Sansão.

Há muitos relacionamentos em que uma terrível pressão está presente. É preciso ter muita atenção nisso. Por exemplo, como pode ser verdadeiro o amor do rapaz que pede à namorada: "Prove que você me ama; vamos fazer sexo"? Pressão e chantagem emocional não combinam com amor e respeito. Se você está em um relacionamento assim, fuja! O resultado final sempre será destrutivo.

Contudo, de todas as consequências funestas do envolvimento de Sansão com o pecado, a pior delas é não ter levado a sério seu compromisso com Deus de consagração de nazireado. Em Números 6.1-4, o nazireu não podia fazer três coisas: tocar em cadáver, beber vinho e cortar o cabelo. Sansão rompe cada um desses votos. O que acontece quando rompemos nossos votos? Nossa vida se torna sem sentido. Um dos votos mais abandonados atualmente é o compromisso de criar filhos na disciplina e na admoestação do Senhor. Pais cristãos se abstêm de admoestar os filhos, de orar com eles e por eles. Quais são os votos que você tem negligenciado?

Vejamos como se deu a quebra dos votos na história de Sansão. Primeiro, a proibição de tocar em cadáver. Lembre-se da história do leão morto. Ele encontra um favo na caveira do animal e come gostosamente o mel enquanto caminha pela estrada. Isso equivale a procurar prazer na podridão. Hoje, muitos buscam alegrias no pecado.

A Bíblia declara que quem é de Deus tem sede de Deus, de água viva. Mas há muitos nazireus de Deus com sede de pecar, chupando mel na caveira do leão, buscando prazer no mundo que está morto e quebrando os seus votos de consagração a Deus. Cuidado! Não procure satisfação para sua alma no pecado, pois este, apesar de delicioso ao paladar, é amargo ao estômago. O fim da linha é a morte, e o destino é o inferno.

O segundo voto diz respeito a beber vinho. Na festa de casamento de sete dias, Sansão oferece um banquete regado a muito vinho. O texto bíblico revela (Jz 14.10) que esse era o costume entre os jovens da época. Sansão quebra seu segundo voto porque, apesar de tão forte, não tem coragem para resistir à pressão do meio.

É quando pergunto: até que ponto temos essa coragem? Será que somos livres para nos posicionarmos em público de modo claro, como crentes? Você é ousado para se levantar nas Babilônias da vida, como Daniel, recusando-se a se deixar contaminar? A Bíblia conta que Sansão não quis ser diferente. Teve medo de ser considerado antissocial, deselegante, antiquado. Não queria contrariar a galera. Mas os crentes não devem ser assim. Ao contrário, devemos tomar posição, fazer diferença, ser santos. Não importa o que nos digam, temos um compromisso com Deus: a santidade. Isso inclui nos manter incontaminados do mundo.

Finalmente, Sansão quebra seu terceiro voto ao ser tomado por essa impaciência de matar. Dorme no colo de uma mulher que está prestes a traí-lo. Escolhe fragilizar-se justamente para quem será responsável por sua derrota. É o que acontece com as relações travadas fora da vontade de Deus. Nunca é demais frisar: a escolha dos relacionamentos amorosos é tão crucial que, se não for feita sob a orientação divina, pode levar à destruição.

Em Juízes 16, a Bíblia relata progressivamente o trágico desfecho das escolhas erradas de Sansão. Tudo acontece a partir da quebra do último voto: *retirou-se dele sua força*. É por escolhas erradas que você se torna fraco, acaba cedendo e caindo. Quando não mais está na dependência do poder de Deus, você perde a capacidade de se manter em pé. O diabo joga lama no seu rosto, abala sua credibilidade e tira sua autoridade. Quando isso acontece, você abaixa a cabeça para quem o desafia, pois perdeu a coragem de confrontar. Está quebrado, nocauteado, humilhado por causa do inimigo. Sua força acabou.

No versículo 20, mais uma vez Dalila exclama: *Os filisteus vêm sobre ti, Sansão!* Quando ele desperta do sono, tranquiliza-se, acreditando que se livrará como nas outras vezes. Pobre Sansão! Com o pecado não se brinca: você pode até se desembaraçar de algumas situações difíceis, mas em algum momento acabará caindo. A Bíblia confirma isso, ao dizer que o homem é apanhado pelas próprias cordas do seu pecado, além de advertir: *De Deus não se zomba* (Gl 6.7). O mesmo versículo apresenta um fato dramático. Enquanto Sansão descansa na certeza ilusória de seu livramento, o Senhor já tinha se retirado dele. Deus não estava mais com ele.

Certa vez, ouvi uma frase do pastor Gualberto que me marcou profundamente: "Jovem, Deus não tem compromisso com a sua loucura". E "jovem" pode designar qualquer um de nós que queira viver perigosamente. Se você quer pecar, peque; mas Deus não tem compromisso em abençoá-lo se você está em pecado. Deus não pode jamais ser parceiro de sua desobediência. O que semear, você colherá, declara a Bíblia. Assim, antes que Deus se afastasse de Sansão, Sansão já tinha se afastado de Deus.

Ao apanhá-lo, os inimigos fazem o que querem de Sansão. Primeiro, vazam-lhe os olhos. Que tristeza: agora está cego aquele que era o "pequeno sol", que era luz e esperança para seu povo. Está cego, em trevas. Eis como é maligno o inimigo: a concupiscência dos olhos constituía a maior fraqueza de Sansão. Foi por essa fraqueza que tudo começou, ao vislumbrar ele a mulher filisteia. O primeiro golpe do inimigo, portanto, foi em seus olhos. Depois, Sansão é levado à força até Gaza, a cidade onde havia se prostituído. Sem liberdade, amarrado a duas cadeias de bronze, é obrigado a reviver sua experiência de sujeira e de pecado. Em seguida, perde a direção e, como um moinho, começa a girar em círculos. Não avança, não progride, não se santifica, nada acontece. Enfim, o ápice da vingança dos filisteus se dá quando Sansão é arrastado a um culto idolátrico. No versículo 25, ele é chamado para divertir os participantes, trazendo alegria para os inimigos de Deus – oferecendo, na verdade, alegrias ao próprio inferno.

É quando precisamos nos perguntar: Em que arraial estamos produzindo alegria: no céu ou no inferno? Certa vez, li a descrição de uma caçada aos ursos. Os esquimós afiam uma faca bem grande e a firmam na neve, cobrindo todo o local de sangue e deixando um longo rastro. O urso é atraído pelo cheiro dos respingos, lambendo

ESCOLHAS & ALIANÇAS

o sangue ao passar. Ao chegar perto da poça de sangue em torno da faca, ele se joga com tanta avidez que nem percebe a lâmina afiada, que lhe corta a língua e o pescoço. Quando vê, o urso está bebendo o próprio sangue, até morrer. Tal como o urso, há muitos que se mutilam voluntariamente por uma gana desenfreada, enfiando o pescoço na lâmina do pecado e arruinando-se. Mas há ocasiões em que ainda há tempo de arrepender-se e voltar para Deus.

Naquela festa demoníaca, em Juízes 16.25,26, Sansão é trazido do cárcere para divertir os filisteus. Quando se vê em pé entre as duas colunas que sustentavam a casa, ocorre-lhe uma ideia: pedir ao moço que o acompanhava que pudesse encostar nelas. Sob a desculpa de que estava cego, Sansão conseguiu encontrar alguma saída para aquele impasse. Ou seja, ele manteve a esperança. Foi Deus que lançou essas palavras em seu coração: "Sansão, você me desobedeceu e acabou com sua vida, mas meus planos para você continuam. Eu não desisti de você, Sansão. Israel será liberto com sua morte". Deus não desiste de nós. Você tem caído? Está em pecado? Sente-se um fracasso? Mas Deus não abre mão de sua vida.

Tendo encontrado esse estratagema, Sansão clama ao Senhor: *Meu Deus, peço-te que lembres de mim, dá-me força só esta vez, ó Deus.* É a oração de um homem quebrado, cego, forçado a participar de um culto satânico, que se volta para Deus e pede ajuda, como quem reconhece seus erros: *Só esta vez, ó Deus!* Em meio àquela situação terrível, Sansão busca a Deus com humildade. Jamais é tarde para buscar a Deus. Mesmo quando você é derrotado e está sem perspectiva alguma, busque a Deus, clame ao Senhor. Os céus responderão às suas súplicas.

No versículo 30, Sansão decide: *Morra eu com os filisteus.* A estratégia consistia em derrubar as duas colunas com a força do braço, demolindo aquela edificação e matando a todos os filisteus que estavam ali. Há momentos na vida em que, se queremos um milagre de Deus, precisamos fazer força. Empurrar as colunas, arrebentar as opressões da vida e destruir o que está nos matando. Se você fizer força, Deus fará o milagre.

CAPÍTULO 8

As consequências das nossas escolhas

O preço que Sansão pagou por suas escolhas erradas foi muito alto e teve consequências em diversas áreas, como vemos a seguir.

A ILUSÃO (Jz 16.20). O pecado é uma armadilha para os pés, um engano para o coração, uma tragédia para a alma. O diabo é um estelionatário: promete vida e mata; promete liberdade e escraviza; promete prazer e atormenta. O pecado é uma fraude: fascina os olhos, mas produz cegueira; é doce ao paladar, mas amargo ao estômago. Sansão, que arrebentara as amarras como fiapos podres de estopa, agora está impotente e sem força. O pecado enfraquece e torna o indivíduo vulnerável.

A fraqueza (Jz 16.19). A força de Sansão não estava em seus cabelos, mas em Deus. Quando Deus se retirou de Sansão, sua força se foi. Seus cabelos eram apenas um símbolo de sua consagração a Deus. Sempre que nos afastamos de Deus, nós nos tornamos impotentes, vulneráveis e fracos. A nossa derrota não é resultado da presença do inimigo, mas da ausência de Deus. O pecado nos afasta de Deus. O pecado é o pior de todos os males. É maligno. É pior que a pobreza, que a solidão, que a doença e que a própria morte. Todos esses males não podem nos afastar de Deus, mas o pecado nos afasta de Deus agora e por toda a eternidade.

A ausência de Deus (Jz 16.20). Se Deus estiver do nosso lado, ainda que o inferno inteiro se levante contra nós, sairemos vitoriosos; mas, se Deus se ausentar de nós, seremos fragorosamente derrotados. Não podemos nos manter de pé estribados em nossa própria força. Sem Deus, tropeçamos em nossas próprias pernas. Sem Deus, nossa força é consumada fraqueza. Sem Deus, tornamo-nos presa do inimigo. Quando Deus se afastou de Sansão, ele caiu imediatamente nas mãos dos filisteus.

A perda da visão (Jz 16.21). Aquele cujo nome significa luz ficou em densas trevas. Aquele que deveria ser um farol para iluminar o caminho da libertação do seu povo ficou cego. O pequeno sol teve sua luz apagada. Sansão teve seus olhos vazados. O fascínio pelo pecado o deixou cego. A concupiscência dos olhos cegou os olhos da sua alma, antes que os olhos do seu corpo fossem vazados pelos filisteus. Há muitas pessoas que ainda hoje seguem por caminhos de trevas e com o tempo perdem a visão espiritual.

A perda da dignidade (Jz 16.21). Sansão não apenas ficou cego e cativo nas mãos dos filisteus, mas eles o fizeram descer ao lugar das suas antigas quedas. Descer a Gaza era reavivar na memória dele o lugar do seu fracasso mais vergonhoso. Ali Sansão, um homem de Deus, se iniciou nos sinuosos caminhos da promiscuidade.

Ali ele se deitou com uma prostituta. Ali ele entregou seu corpo à lascívia. Ali ele perdeu a dignidade. Sua honra foi enlameada. Seu nome foi maculado. Sua criação como um jovem consagrado a Deus desde o ventre foi esquecida. Sansão rompeu todos os padrões da decência. Entregou-se ao espírito da sua época. E foi tristemente envergonhado. Em Gaza, embora conseguisse fugir dos filisteus, carregando heroicamente os portões da cidade em seus ombros, Sansão sofreu uma derrota esmagadora ao carregar os pecados da cidade no coração.

A PERDA DA LIBERDADE (Jz 16.21). Sansão, o homem prodígio, o homem de força descomunal, o homem que enfrentava sozinho um exército inteiro, agora impotente e indefeso, é amarrado e acorrentado. Torna-se escravo do inimigo e passa a trabalhar como um servo de seus inimigos. Sansão era livre e libertador do seu povo, mas pôs ele mesmo o pescoço na coleira do inimigo. Quem pratica o pecado é escravo do pecado. Há muitas pessoas que, embora livres, são escravas e, embora tenham o direito de ir e vir, estão presas por grossas correntes dos vícios mais degradantes. Nossa juventude vive o drama da escravidão das drogas. O narcotráfico desafia o estado de direito, conspira contra as leis constituídas e espalha um clima de medo em nossa sociedade fragilizada. O consumo de drogas cresce espantosamente. Mais e mais famílias se tornam prisioneiras dessa maldição que captura jovens cheios de sonhos e faz deles escravos. Vivemos a geração que zomba dos preceitos de Deus e escarnece da virtude. O sexo desenfreado está se tornando uma norma para uma sociedade entorpecida pelo pecado. Em nome de uma liberdade sem fronteiras, nossa geração capitula à libertinagem.

A PERDA DA DIREÇÃO (Jz 16.21) Sansão começa a girar um moinho, dando voltas sem sair do lugar. Sua vida perde a direção. Em vez de fazer voos altaneiros e retos como uma águia, ele começa a voar em círculos como um abutre. Quem voa em círculos amiúde voa sobre podridão, sobre aquilo que cheira mal. Num mundo que está em movimento, a estagnação é retrocesso. O pecado não apenas nos faz girar em círculos, mas também a andar de marcha a ré.

A PERDA DA ADORAÇÃO (Jz 16.23,24). Sansão, em vez de adorar a Deus, está agora, mesmo que a contragosto, em um templo pagão, participando de um culto satânico. Um abismo chama outro abismo. De queda em queda, Sansão foi ao fundo do poço e está agora no território do inimigo, testemunhando seus inimigos exaltarem deuses pagãos. O nome de Deus foi blasfemado entre esses gentios por causa do mau exemplo de Sansão. Por não ter caminhado na direção de Deus, Sansão foi obrigado a entrar num templo pagão.

A PERDA DO RESPEITO (Jz 16.25). Os filisteus não apenas levaram Sansão para o templo pagão, mas escarneceram dele. Fizeram chacota dele. Sansão tornou-se motivo de zombaria, e fizeram grande algazarra, escarnecendo dele e de seu Deus. Sansão perdeu completamente o respeito diante dos seus adversários. Eles não mais o temiam. Tinham prevalecido sobre ele. O pecado derrotou Sansão e fortaleceu os braços do inimigo.

A PERDA DA VIDA (Jz 16.30). Sansão morreu ao matar os filisteus. Ele perdeu a vida junto com seus inimigos. Foi perdoado por Deus, mas não se livrou das consequências do seu pecado. Morreu cego, cercado de escuridão. Warren Wiersbe diz que Sansão é um dos três homens das Escrituras identificados especificamente com a escuridão. Os outros dois são o rei Saul, que saiu na escuridão para buscar o socorro emergencial de uma feiticeira (1Sm 28), e Judas Iscariotes, que *saiu logo. E era noite* (Jo 13.30). Saul viveu para o mundo, Sansão sucumbiu à carne, e Judas entregou-se ao diabo (Jo 13.2,27), e os três acabaram tirando a própria vida.

AS CONSEQUÊNCIAS DAS NOSSAS ESCOLHAS ❏

E por que Sansão caiu nas mãos dos filisteus? Aquele homem dominou um leão, mas não soube dominar a si mesmo. Pecou pela concupiscência dos olhos, e ficou cego. Quis viver em liberdade, e acabou escravo. Incendiou com trezentas raposas os campos dos filisteus, mas foi incendiado pela raposa da lascívia. Carregou os portões de Gaza nas costas, mas foi esmagado pelos pecados de Gaza. Brincou de ficar amarrado, e amarrado ficou. Apesar disso tudo, Deus não deixou de cumprir Seus propósitos na vida de Sansão. A Bíblia registra que Sansão matou mais filisteus em sua morte que em sua vida. Isso diz muito sobre o poder e a misericórdia de Deus diante dos descaminhos humanos.

Mas não sejamos imprudentes como Sansão. Sendo homens e mulheres de Deus, devemos em primeiro lugar aprender a identificar nossas vulnerabilidades e inclinações pecaminosas.

Pergunte-se, portanto: Qual a sua maior área de fraqueza? Qual é seu calcanhar de aquiles? Se é o sexo, preste atenção no que pode tentar você; se é o dinheiro, evite situações de cobiça; se é sede de poder, vigie seu coração. Nisso tudo, que seus olhos não sejam tropeço para sua alma.

Você deve seguir o exemplo de Jó: *Fiz aliança com meus olhos; como, pois, os fixaria eu numa donzela?* (Jó 31.1). Ajuda muito se você cuidar de seu tempo de lazer e escolher muito bem suas companhias. O que o rodeia poderá determinar se você será bem-sucedido ou não. Mas, principalmente, cumpra todas as promessas que fizer para o Deus da sua alma. O compromisso com Deus deve estar acima de tudo mais.

PARTE 3

O CLAMOR EMOCIONADO DE DEUS

O CLAMOR EMOCIONADO DE DEUS ❏

[1] *E veio a mim a palavra do SENHOR, dizendo:* [2] *Vai, e clama aos ouvidos de Jerusalém, dizendo: Assim diz o SENHOR: Lembro-me de ti, da piedade da tua mocidade, e do amor do teu noivado, quando me seguias no deserto, numa terra que não se semeava.* [3] *Então Israel era santidade para o SENHOR, e as primícias da sua novidade; todos os que o devoravam eram tidos por culpados; o mal vinha sobre eles, diz o SENHOR.* [4] *Ouvi a palavra do SENHOR, ó casa de Jacó, e todas as famílias da casa de Israel.* [5] *Assim diz o SENHOR: Que injustiça acharam vossos pais em mim, para se afastarem de mim, indo após a vaidade, e tornando-se levianos?* [6] *E não disseram: Onde está o SENHOR, que nos fez subir da terra do Egito, que nos guiou através do deserto, por uma terra árida, e de covas, por uma terra de sequidão e sombra de morte, por uma terra pela qual ninguém transitava, e na qual não morava homem algum?* [7] *E eu vos introduzi numa terra fértil, para comerdes o seu fruto e o seu bem; mas quando nela entrastes contaminastes a minha terra, e da minha herança fizestes uma abominação.* [8] *Os sacerdotes não disseram: Onde está o SENHOR?*

E os que tratavam da lei não me conheciam, e os pastores prevaricavam contra mim, e os profetas profetizavam por Baal, e andaram após o que é de nenhum proveito. [9] *Portanto ainda contenderei convosco, diz o SENHOR; e até com os filhos de vossos filhos contenderei.*

[10] *Pois, passai às ilhas de Quitim, e vede; e enviai a Quedar, e atentai bem, e vede se jamais sucedeu coisa semelhante.*

[11] *Houve alguma nação que trocasse os seus deuses, ainda que não fossem deuses? Todavia o meu povo trocou a sua glória por aquilo que é de nenhum proveito.* [12] *Espantai-vos disto, ó céus, e horrorizai-vos! Ficai verdadeiramente desolados, diz o SENHOR.* [13] *Porque o meu povo fez duas maldades: a mim me deixaram, o manancial de águas vivas, e cavaram cisternas, cisternas rotas, que não retêm águas.*

JEREMIAS 2.1-13

❏ ESCOLHAS & ALIANÇAS

O profeta Jeremias foi chamado para o ministério ainda muito jovem. Profetizou durante aproximadamente quarenta anos, nos quais permaneceu absolutamente impopular e solitário. Naquele tempo, Israel já tinha sido levado para o cativeiro pela Assíria, e Judá, em plena decadência, estava prestes a ser feito cativo pela Babilônia. Era uma época de ebulição: a Assíria, o Egito e a Babilônia disputavam a hegemonia da liderança mundial. Tendo exercido esse papel durante trezentos anos, a Assíria fora derrotada em 607 a.C. pela Babilônia; em 605 a.C., foi a vez da derrocada do Egito, na batalha de Carquêmis. Vencedora sobre ambos, a Babilônia tornou-se a dona do mundo.

Na batalha de Megido, entre Judá e o faraó Neco, do Egito, o reino de Judá entrou em colapso com a morte do seu maior líder, o piedoso rei Josias. Quando o rei Josias morreu em batalha, Judá mergulhou em uma profunda crise e dela não mais se recuperou. Posteriormente, na batalha de Carquêmis, o Egito reduziu Judá a vassalo, pouco tempo antes de cair nas mãos da Babilônia. Foi quando a poderosa Babilônia cercou Jerusalém e levou os príncipes e os nobres da cidade. Dez anos depois, Nabucodonosor voltou a Jerusalém e promoveu grande destruição: entrincheirou a cidade, destruiu seus muros, arrasou seu templo e matou jovens, mulheres e crianças ao fio da espada, levando ainda o remanescente cativo para a Babilônia.

É diante desse cenário desolador que, segundo a Bíblia nos diz, o profeta Jeremias chorou copiosamente, ao ver as famílias arrancadas de seus lares pelos conquistadores, as crianças pisadas pelas ruas como lama, e a cidade esmagada implacavelmente pelo inimigo. No entanto, Jeremias foi testemunha não só da humilhação sofrida pelo povo de Jerusalém, mas, sobretudo, da teimosia da nação rebelde, que não quis ouvir a voz de Deus. As autoridades de sua época se uniram para rejeitar fortemente a voz profética de Jeremias, e o profeta solitário foi perseguido, preso e açoitado. Por essa razão, nesse particular, talvez nenhum homem na Bíblia seja tão semelhante a Jesus Cristo quanto Jeremias.

Há muitos pontos comuns entre Jeremias e Jesus Cristo. Por exemplo, os dois nasceram e cresceram em vilas desconhecidas: Jeremias em Anatote, a 5 quilômetros de Jerusalém, e Jesus Cristo em Nazaré. Os habitantes de Anatote rejeitaram Jeremias e procuraram matá-lo, assim como os nazarenos fizeram com Jesus. Os líderes religiosos foram os principais opositores do profeta Jeremias, prendendo-o e açoitando-o; o mesmo ocorreu com Jesus Cristo, perseguido pelos principais líderes religiosos de Israel: os fariseus, os saduceus, os escribas e os sacerdotes. Jeremias atacou a religiosidade superficial e mística do povo de Judá, que, apesar de não ter abandonado o templo nem o culto, havia abandonado a Deus. Diz a Bíblia que o povo confiava no templo mais do que no Senhor do templo. Eles haviam colocado sua fé na religião, e não em Deus. Acreditavam que, enquanto o templo estivesse erguido em Jerusalém, Deus estaria com eles, mesmo que vivessem na prática de abomináveis pecados (Jr 7.4).

Jeremias atacou os habitantes de Jerusalém por causa da fé supersticiosa que tinham no templo e por crerem que a conduta moral não era importante. Jeremias disse assim: *Não confieis em palavras falsas, dizendo: Templo do Senhor, templo do Senhor é este [...]. Eis que vós confiais em palavras falsas, que para nada vos aproveitam [...]. Será esta casa, que se chama pelo meu nome, um covil de salteadores aos vossos olhos? Eis que eu, eu mesmo, vi isto, diz o Senhor* (Jr 7.4,8,11). Não foi diferente com Jesus, que denunciou a falsa religiosidade dos israelitas nestes termos: *Tendo entrado no templo, expulsou todos os que ali vendiam e compravam; também derrubou as mesas dos cambistas e as cadeiras dos que vendiam pombas. E disse-lhes: Está escrito: A minha casa será chamada casa de oração; vós, porém, a transformais em covil de salteadores* (Mt 21.12,13).

A característica mais marcante do profeta Jeremias, a lamentação, também é partilhada por Cristo. Ambos choraram profundamente por Jerusalém. Jeremias se entristecia porque a cidade se recusou a ouvir a voz de Deus. Leiamos primeiro as palavras do profeta: *Passou a sega, findou o verão, e nós não estamos salvos* (Jr 8.20). E ele exclama ainda: *Estou quebrantado pela ferida da filha do meu povo; estou de luto; o espanto se apoderou de mim; acaso não há bálsamo em Gileade? Ou não há lá médico? Por que, pois, não se realizou a cura da filha do meu povo? Oxalá a minha cabeça se tornasse em água e os meus olhos em fontes de águas; então choraria de dia e de noite os mortos da filha do meu povo* (Jr 8.21,22 – 9.1).

Ao olhar para a cidade rebelde de Jerusalém, Jesus Cristo chora e clama: *Jerusalém, Jerusalém, que matas os profetas, e apedrejas os que te são enviados! Quantas vezes quis eu ajuntar os teus filhos, como a galinha junta os pintos debaixo das asas, e tu não o quiseste* (Mt 23.37).

No entanto, apesar das lamentações, tanto Jeremias quanto Jesus concluem sua prédica anunciando a misericórdia infinita de Deus por meio de uma nova aliança. Jeremias exclama: *Eis que vêm dias, diz o SENHOR, em que farei aliança nova com a casa de Israel e com a casa de Judá [...]. Porei a minha lei no seu interior, e a escreverei no seu coração; e eu serei o seu Deus e eles serão o meu povo [...]. Todos me conhecerão, desde o menor até ao maior deles, diz o SENHOR; porque lhes perdoarei a sua maldade, e nunca mais me lembrarei dos seus pecados* (Jr 31.31,33,34).

Na noite em que foi traído, Jesus se reuniu com os Seus discípulos no cenáculo para celebrar a Páscoa. E, depois de haver tomado o cálice e orado, Ele o deu aos Seus discípulos e disse: *Bebei dele todos; porque isto é o meu sangue, o sangue da* [nova] *aliança, derramado em favor de muitos, para remissão de pecados* (Mt 26.27,28). O evangelista Lucas registra as palavras de Jesus assim: *Este cálice é a nova aliança em meu sangue. Sangue que foi derramado para remissão dos vossos pecados* (Lc 22.20). São tantas e tão profundas semelhanças que, quando Cristo pergunta a Seus discípulos *quem dizem os homens ser o Filho do homem?*, alguns respondem: *Jeremias* (Mt 16.13,14) – a maior honra que esse profeta solitário de Deus pôde receber.

O texto bíblico que lemos é a primeira mensagem recebida por Jeremias da parte de Deus. Esse oráculo mostra que Deus olha para a nação de Judá e a vê como a noiva, como a esposa que, ao longo da caminhada, permite que seu amor conjugal se esfrie. Ela perde a devoção, a alegria, todo o prazer de intimidade e comunhão com o marido. E, assim como uma esposa infiel trai o cônjuge, o povo de Deus se encanta com ídolos e se entrega a eles, abandonando o Deus vivo – por ídolos que nada são, ídolos desprovidos de poder e capacidade para amar, responder, libertar e salvar.

CAPÍTULO 9

A SAUDADE DE DEUS

Por intermédio de Jeremias, Deus traz uma palavra carregada de emoção.

Em primeiro lugar, *Deus sente saudade dos tempos áureos de afeição do seu povo por Ele* (Jr 2.2). Nos versículos 1 a 3, Deus demonstra saudade de Seu povo, mencionando os tempos áureos, em que toda a afeição Lhe era devotada. Isso deve suscitar em cada um de nós uma avaliação de nossa vida, uma espécie de *check-up* de nossa condição diante de Deus.

Quando esfriamos em nosso amor por Deus, Ele nos olha e é como se dissesse: "Eu lembro dos tempos da sua afeição, quando o seu amor por mim, igreja, era intenso e fervoroso. Você me conheceu e se afeiçoou a mim, entregando-se de todo o coração. Você tinha prazer em estar comigo, em estar na minha casa, na leitura de minha Palavra, nas vigílias de oração. Você proclamava o meu nome com grande alegria. Você me adorava, e o louvor emanava da sua alma com fervor".

❏ ESCOLHAS & ALIANÇAS

Deus tem saudade da afeição de nossa juventude, quando tínhamos uma devoção pura, sincera, pelo Senhor; Ele tem saudade dos tempos do nosso primeiro amor. Quando paramos para pensar nisso, é inevitável sondar nosso coração para descobrir se já andamos com Deus de maneira mais profunda do que fazemos hoje. Pergunte-se: sua devoção ao Senhor é maior hoje que antes? Analise sua vida devocional, suas reações à Palavra, seu engajamento, seu ardor pelo evangelismo e pelas almas perdidas. Verifique sua alegria em convidar um amigo ou um parente para ir à casa de Deus, e sua preocupação em interceder pelo mesmo milagre de conversão que foi operado em sua vida. Não se trata da simples presença em momentos de celebração, culto, ensino, programas ou cânticos de louvor, mas sim da motivação, do entusiasmo, ou seja, do seu amor por Deus.

Em segundo lugar, *Deus sente saudade do seu primeiro amor por Ele* (Jr 2.2). A ternura de Deus por você se torna ainda mais evidente no versículo 2, que descreve como Ele nos vê como a noiva. Que grande carinho está contido nessa imagem! É como se um cônjuge saudoso exclamasse para nós: "Eu me lembro com saudade daquele tempo em que você se preparava para se encontrar comigo, daquele tempo em que falar comigo era o deleite do seu coração, de quando você me cortejava com alegria, em momentos de intimidade e comunhão".

Você se lembra? Como nós gostávamos de ouvir a voz de Deus! Era uma época em que tínhamos prazer nEle em vez de, aflitos, ficarmos olhando no relógio; uma época em que Deus falava conosco madrugadas adentro e nós nos deleitávamos no Senhor. Como as coisas de Deus encantavam a nossa alma, como as coisas de Deus embeveciam o nosso coração! Nós éramos a delícia de Deus, e Ele era a fonte da vida para nós. Como noiva, seguíamos a Deus pelo deserto. Nosso coração confiava em Deus sem duvidar; cada dia com Ele era uma aventura, uma experiência nova e maravilhosa. Não havia rebeldia, incredulidade ou desconfiança. Andávamos com Deus através das adversidades.

Hoje, as coisas apenas acontecem. Você vai ao templo, gosta dos rituais. Mantém um compromisso externo, mas o seu coração está frio. Sua alma já não está enamorada de Deus. O ritual tomou o lugar da devoção. O templo substituiu a comunhão com o Senhor do templo. Tudo continua acontecendo, mas seu coração já não é mais puro, sua vida já não é mais santa, Deus já não é mais o prazer da sua alma.

O povo de Judá também ia ao templo. Eles tinham orgulho da religião que praticavam. Confiavam que estava tudo bem com eles. Gostavam do templo, mas tinham perdido a comunhão com Deus. Uma coisa é conhecer a casa de Deus; outra coisa é conhecer o Deus da casa de Deus.

Em terceiro lugar, *Deus tem saudade daquele tempo em que você era consagrado a Ele* (Jr 2.3). No versículo 3, lemos que Israel era consagrado ao Senhor. Deus olha e diz: *Eu me lembro*. É a saudade de Deus. Nós tínhamos comunhão com Ele, podíamos entregar a Ele, sem reservas, nosso coração, nossa vida, nosso destino, nosso futuro. Esses três primeiros versículos clamam por um autoquestionamento: Você está tendo comunhão com Deus? Está verdadeiramente se deleitando em Deus?

Até que ponto o ritualismo tem substituído o seu relacionamento com Deus? Até que ponto o ajuntamento solene tem substituído a sua intimidade com o Senhor? Ao entrar na casa de Deus, será que você também entra no santo dos santos para adorar ao Senhor? Nessa época, Deus tinha zelo por nós porque nós tínhamos zelo por Ele; quando Israel era consagrado ao Senhor, todos os que o devoravam se faziam culpados. Ele guerreava as nossas guerras e nos defendia porque o nosso prazer e o nosso deleite estavam em andar com Ele. Deus está nos olhando e dizendo: "Igreja, eu tenho saudade desse tempo". Tocar em você era tocar na menina dos olhos de Deus. Ele ia à frente para defender você. Ele desalojava seus inimigos. Desbaratava seus adversários. E sua confiança, caro leitor, não estava na sua força, nem na sua riqueza, nem na sua sabedoria, mas no Senhor. Você confiava nEle, e Deus defendia você. Sua caminhada com Deus era uma aventura deleitosa.

CAPÍTULO 10

O LAMENTO DE DEUS

as há uma segunda palavra de Deus aqui, em Jeremias 2.4-8. Além de saudade, lamento. Assim diz o Senhor: *Que injustiça acharam os vossos pais em mim, para de mim se afastarem?* O afastamento de Deus foi uma decisão totalmente injustificável.

É como se Deus perguntasse a seu povo: "Cometi algum erro com vocês? Fiz alguma promessa que deixei de cumprir? Fui injusto ou infiel? Por acaso seria eu indigno de confiança? Foi encontrado em mim algo que provocasse esse afastamento?" A resposta evidente é que há injustiça no povo, e não em Deus. Além de chamar atenção para a causa, Deus alerta para as consequências de tal rejeição: "Houve crescimento a partir disso? Porventura vocês são um povo mais forte, mais santo, mais agradável na minha presença pelo fato de terem me substituído por outros deuses?" A resposta novamente é negativa.

Nosso afastamento de Deus é visto por Ele como uma grande injustiça. Deus nos amou desde a eternidade, nos chamou, nos libertou, nos remiu, nos transformou, nos abençoou, nos tornou

ESCOLHAS & ALIANÇAS

Seus herdeiros. Agora, vamos trocá-Lo por aquilo que não tem nenhum valor?

Destacamos a seguir alguns aspectos desse lamento de Deus.

Em primeiro lugar, *o povo de Deus, de forma ingrata, O abandonou a despeito da redenção de Deus* (Jr 2.5,6). Nesse lamento, Deus enfatiza a ingratidão. No versículo 6, a redenção de Deus contrasta com a resposta do povo. Israel, como noiva amada de Deus, havia se tornado infiel e se enamorado dos seus muitos amantes, afastando-se do Amado de sua alma. A causa de sua infidelidade não estava em nenhuma injustiça do Noivo, mas na própria infidelidade. Não havia motivo para Israel trocar Deus por outros deuses; ao contrário, a fidelidade de Deus era inquestionável. Ele havia libertado o povo do Egito, livrando-o das algemas, da escravidão, da opressão. Uma vez livre, a resposta do povo foi indiferença e abandono.

Precisamos agora tirar os nossos olhos de Judá e voltar os olhos para nós mesmos, perguntando-nos com sinceridade: se fomos remidos por Deus, libertos pelo sangue de Jesus, declarados novas criaturas, livres do império das trevas e arrancados da potestade de Satanás para sermos habitantes do reino da luz, por que abandonaremos o Senhor? Por que deixar que o fervor diminua, que a alegria em Deus se torne uma chama quase bruxuleante? É tempo de clamarmos ao Senhor que reavive em nós a chama do amor por Ele!

Em segundo lugar, *o povo de Deus, de forma ingrata, O abandonou a despeito da proteção de Deus* (Jr 2.6). Deus não só tirou o Seu povo do cativeiro, mas também o guiou pelo deserto. Porém, a proteção de Deus também foi recebida com indiferença. Deus guiou o povo através do deserto, por uma terra de ermos, covas, sequidão e sombras da morte. Deus guiou o povo dando-lhe vestes e calçados que durante quarenta anos não envelheceram. Quando o povo tinha sede, Deus fazia brotar água da pedra; quando o povo tinha fome,

O LAMENTO DE DEUS ❑

Ele trazia pão do céu. Quando o povo enfrentava enfermidades, Deus os curava; quando enfrentava inimigos, Deus os libertava. No entanto, após ter experimentado de modo tão evidente o cuidado e a providência de Deus, o povo se comportou como uma noiva que se esquece do seu amado e se encanta com outros homens.

Hoje, muitos ídolos adorados são diferentes daqueles cultuados antigamente; muitos ídolos atuais não são feitos de pedra e mármore, nem são semelhantes a Baal. Os ídolos modernos vestem-se de novas roupagens. Um ídolo é tudo aquilo que ocupa o lugar de Deus na sua vida. Um ídolo é tudo aquilo que conquista a devoção de seu coração. Que ídolos têm ocupado o maior espaço na sua vida? Existe algo que você busca mais do que a Deus? Qual é o maior prazer da sua vida? É Deus ou outro? Precisamos nos lembrar de que toda boa dádiva procede de Deus. Dele vem a saúde, a inteligência, a prosperidade, a família, a proteção, a alegria, a vida, a salvação. Todas essas coisas são dádivas preciosas de Deus. Por que não devotar todo o seu ser a Ele?

Em terceiro lugar, *o povo de Deus, de forma ingrata, O abandonou a despeito da provisão divina* (Jr 2.7). No versículo 7, o descaso é com a provisão divina: *Eu vos introduzi numa terra fértil, para que comêsseis o seu fruto e o seu bem; mas, depois de terdes entrado nela, vós a contaminastes e da minha herança fizestes abominação.* É como se Deus dissesse ao povo: "Essa terra que vocês receberam não foi conquistada pela força do seu braço, mas foi herança, dádiva minha. Tudo o que vocês têm foi recebido de minhas mãos. Toda salvação é obra minha. Então, por que vocês se esquecem de mim? Por que apenas me buscam em rituais vazios, em que sua mente e seu coração estão longe de mim? Acham que basta entrar na minha casa, enquanto a vida de vocês não é coerente, nem santa, nem piedosa, desprovida de qualquer conexão com a prática religiosa que vocês professam?"

Em quarto lugar, *o povo de Deus, de forma ingrata, O abandonou por causa da corrupção da própria liderança* (Jr 2.8). O versículo 8 mostra que não apenas o povo estava se afastando de Deus, mas também e, sobretudo, a liderança estava se distanciando. O povo é o retrato da sua liderança. Diz o texto que os sacerdotes se tornaram omissos, os mestres da Palavra se tornaram ímpios, os pastores se tornaram aproveitadores e os profetas se tornaram apóstatas. O desvio sutil de Deus começa no púlpito, a partir dos que proclamam a Palavra, quando eles apenas a pronunciam, mas não a vivem. Aqueles que deveriam conduzir o povo a Deus desviaram o povo de Deus. Tornaram-se laço em vez de bênção. Tornaram-se lobos em vez de pastores. Por essa razão Jeremias enfrenta a sua maior oposição na liderança de Judá, e Deus faz questão de alertar sobre isso.

CAPÍTULO 11

A INDIGNAÇÃO DE DEUS

Por intermédio de Jeremias, Deus não fala apenas sobre saudade e lamento, mas sua última palavra é de espanto, horror e indignação. Três verdades solenes devem ser aqui destacadas, como vemos a seguir.

Em primeiro lugar, *o povo de Deus tornou-se mais infiel do que os pagãos* (Jr 2.9-11). Nos versículos 9 a 11, o povo de Deus é considerado mais infiel que os pagãos. *Houve alguma nação que trocasse os deuses, posto que não eram deuses? Todavia, o meu povo trocou a sua glória por aquilo que é de nenhum proveito.*

Deus confronta o povo não só com a infidelidade deles, mas com a fidelidade dos povos pagãos, como se dissesse: "Eles não trocam os ídolos deles por outros ídolos. Os deuses deles são nada, são barro, gesso, pedra. Mas eles são fiéis. Porém, sendo eu o Deus vivo, o Deus verdadeiro, sou abandonado".

Trata-se de um triste quadro. A fidelidade dos ímpios aos seus deuses reprovava a infidelidade de Israel. Os pagãos são mais dedicados aos seus deuses do que o povo de Deus é devotado ao Senhor.

ESCOLHAS & ALIANÇAS

Eles são mais zelosos do que o próprio povo de Deus. O Senhor, então, chama os céus para testemunharem com grande espanto os dois terríveis males cometidos pelo povo de Deus!

Em segundo lugar, *o povo de Deus deixou o Senhor, a fonte das águas vivas* (Jr 2.13). O profeta levanta a voz em nome de Deus, no versículo 13, dizendo que dois males foram cometidos pelo povo. Que males são esses? Primeiro: eles deixaram o manancial de águas vivas. Os ímpios eram culpados porque adoravam ídolos. O povo de Deus era duplamente culpado por abandonar o Senhor, a fonte das águas vivas, e depois ir após outros deuses. O pecado do povo de Deus foi deixar o Senhor. Que Senhor? Que Deus? É interessante que a Bíblia às vezes não define Deus, mas retrata Deus. Para Davi, Deus é o bom Pastor. Para Moisés, Deus é fogo consumidor. Para João, Deus é amor, é luz. O próprio Senhor Jesus Cristo disse: "Deus é Espírito". Mas, para Jeremias, Deus é a fonte das águas vivas. O que significa essa figura: Deus é a fonte das águas vivas?

Primeiro, que Deus é maior e melhor do que as Suas dádivas. Deus não declara que Suas bênçãos são a água da vida, mas sim que Ele mesmo é a fonte de águas vivas. O grave engano que todos nós podemos cometer é substituir Deus por Suas bênçãos. Quando isso acontece, o homem se torna o centro de todas as coisas, e Deus passa a ser buscado apenas como instrumento para satisfazer a vontade humana. No entanto, como fonte de águas vivas, não há vida sem Deus; longe de Sua presença, só reina a morte. Não há como afastar-se dEle e continuar vivo.

Da mesma forma, Deus é a única fonte da vida abundante. O texto menciona uma fonte, e não uma cisterna ou poço. Essa água não cessa de jorrar. É isso que Deus está dizendo a Seu povo: "A vida abundante jorra para a eternidade". Só Deus é a fonte que satisfaz a alma humana, uma fonte de vida limpa, pura, eterna. Ao tentar abastecer-se de outras fontes, o ser humano apenas encontrará miragens do deserto, e continuará com sede.

O povo de Deus, porém, cometeu este grande mal: abandonou o Senhor, a fonte das águas vivas. É quando devemos nos indagar se mesmo dentro da igreja não há pessoas com sede, vivendo uma vida seca, buscando cisternas rotas.

Em terceiro lugar, *o povo de Deus cavou cisternas rotas que não retêm as águas* (Jr 2.13). Este foi o segundo mal: cavar cisternas rotas, que não retêm as águas, para substituir a presença viva de Deus.

Vamos tentar visualizar o seguinte quadro: imagine o povo de Judá em um grande vale. De um lado, tudo está seco, apenas areia do deserto. De outro, veem-se plantas luxuriantes, fontes cristalinas, campos frutuosos. Contudo, quando olhamos, ficamos estupefatos porque o povo se aglutina do lado seco, morto, cavando desesperadamente o chão duro, solado e pedregoso. Enfim, o povo suado e exausto encontra água. Porém, quando se aproxima, sedento, a água já se foi. A cisterna estava rachada, e todos continuaram com sede. Este é o quadro que o profeta expõe diante de nós: quando buscamos longe de Deus a satisfação para o nosso coração, o que encontramos é uma cisterna rachada que não tem água, que não satisfaz.

Será que estamos nos abastecendo nessa fonte inesgotável que é Deus? Será que temos bebido a largos sorvos dessa fonte que jorra abundantemente? Ou será que temos feito como o povo de Judá: abandonado o Senhor e cavado cisternas rachadas? Bem perto dessa época, o profeta Miqueias clamou ao povo: *Povo meu, diz o* Senhor*, povo meu, que te tenho feito? Por que te enfadastes de mim? Responde-me* (Mq 6.3). Muitos anos depois, Jesus conta que o filho pródigo se cansa da casa do pai e se enfastia de sua mesa, pedindo para ir embora a fim de experimentar o mundo. Porém, longe da casa do pai, as fontes eram cisternas rachadas, e o jovem quase morreu de sede. Não devemos nos deixar seduzir por artificialidades. Só Deus pode satisfazer o nosso coração. Hoje, trocamos Deus pelo prazer, pelo dinheiro, pelo sucesso, pelos ídolos modernos.

O homem pode cavar uma cisterna, jamais uma fonte. A cisterna é limitada, impura, imperfeita. Ela pode estar rachada. Israel abandonou o Senhor e se deixou seduzir por ídolos. Israel pensou: "O nosso Deus é muito exigente. Queremos uma religião que nos custe menos, que nos dê mais liberdade, que não nos cobre tanto. Queremos ser livres como os outros povos para fazermos tudo sem drama de consciência". E o povo trocou a verdade pela mentira e Deus, pelos ídolos.

Aqueles, porém, que trocam Deus pelos ídolos alimentam-se de pó em vez de beber da fonte. Quem troca o Senhor por outras fontes começa a morrer de sede. Só o Senhor tem a água da vida. Só Ele pode matar a sede da nossa alma. Só Ele pode conclamar-nos: *Ah! Todos vós, que tendes sede, vinde às águas* (Is 55.1). Só Jesus pode convidar-nos: *Se alguém tem sede, venha a mim e beba. Quem crer em mim, como diz a Escritura, rios de água viva fluirão do seu interior* (Jo 7.37).

O profeta Jeremias conclui sua mensagem dizendo que, mesmo quando abandonamos o Senhor, Ele não nos abandona. Deus continuou pleiteando com o povo e com Seus filhos (Jr 2.9). A noiva de Deus tinha desistido de Deus, mas Deus jamais desistiu de Sua noiva. No versículo 9, é como se Deus dissesse: "Vocês me abandonaram, mas eu não vou abandonar vocês. Vocês se esqueceram de mim, mas eu não vou me esquecer de vocês. O amor de vocês esfriou, mas o meu amor por vocês, não". E Deus nos procura com Sua imensa graça, clamando para que nos voltemos como nos tempos em que tínhamos um acendrado amor por Ele. Como um noivo cheio de ternura, Ele busca a igreja como noiva

A INDIGNAÇÃO DE DEUS ❑

amada, sentindo saudade dos tempos em que ela Lhe devotava profundo amor.

Mas nem sempre a igreja escuta a voz do amor. Por não escutar a voz do amor, Judá precisou receber o chicote da disciplina. Apenas quando foi para o cativeiro é que aquela nação se libertou de sua idolatria. Precisamos ouvir a voz do amor para que não tenhamos de experimentar a dor da disciplina. Porque somos filhos, se preciso for, Deus nos disciplinará para não perecermos para sempre.

E o chamado de Deus continua para nós. No versículo 14 do capítulo 3, Deus diz: *Convertei-vos* [...] *porque eu sou vosso esposo e eu vos tomarei.* No versículo 1 do capítulo 4, Ele diz: *Se voltares* [...] *volta para mim e se tirares as tuas abominações de diante de mim, não andarás mais vagueando.* Voltemos para o Senhor. Ele tem saudade de nós e apela ao nosso coração. Ele é a fonte das águas vivas. Abasteçamo-nos nEle e experimentemos a vida plena que Ele preparou para nós. Jesus disse: *Aquele que beber da água que eu lhe der nunca mais terá sede; pelo contrário, terá dentro dele uma fonte a jorrar para a vida eterna* (Jo 4.14). Deus é a fonte. Voltemos para Ele.

Sua opinião é importante para nós. Por gentileza, envie seus comentários pelo e-mail editorial@hagnos.com.br

Visite nosso site: www.hagnos.com.br

Esta obra foi impressa na Imprensa da Fé.
São Paulo, Brasil.
Verão de 2021.